가을 편지

가을 편지

이 상 구 제3시집

도서출판 천우

● 시인의 말

  두 번째 시집을 내고 세 번째 시집을 준비하면서 꿈을 꾸기 시작했다.
  '대상포진'에 대한 처방 약이 없어 병원으로부터 강제 퇴원을 당해 집에서 살을 깎는 고통의 투병 끝에 세상과 이별한 '클라라'의 한을 풀어주기 위해 가느다란 연결고리인 시문학 꿈이 이뤄져야 한다는 생각에 옛말에 '사자 즉 생이요 생자 즉 사라'는 말이 떠올라 피하지 않고 세 번째 시집 머리말을 망설임 끝에 쓰게 되었다.

  아울러 세 번째 삶이 울타리를 계속 유지하게 도움을 주신 문우님들과 지도교수님, 월간『문학세계』이사장님과 관계 인사님들께 충심으로 감사를 드립니다.

2024년 10월

소성 이성구

● 축하의 글

하늘로 날려 보내는 천상(天上)의 연서

김 천 우
(시인 · 문학평론가 · (사)세계문인협회 이사장)

　소성 이상구 시인의 제3시집 발간 일정쯤에 순수 서정 시(詩) 세계의 제목인 『가을 편지』가 환상의 조화를 이루고 있어 더없이 좋았다. 하늘로 날려 보내는 천상(天上)의 연서이기도 하다. 시인의 순박하고 아름다운 영혼의 울림이 고스란히 담겨 있는 시편들 모두 깊은 의미가 있고 가슴에서 구구절절 우러나는 심상(心想)의 연가(戀歌)는 하늘이 감동할 것으로 생각한다.
　이상구 시인의 시편은 강물처럼 흐르기보다 폭포수처럼 쏟아지는 갈증과 삶의 일면들이 우루루 빗발치는 기분이 들었을 만큼 가슴이 시리고 아파져 왔다. 이토록 심성이 여리고 애잔한 마음자리가 웅크리고 있을 줄 예전에 미처 몰랐다. 시인의 숨결이 전해오는 듯 잠시 동안 넋을 잃을 듯 아득한 현기증이 앞을 가릴 만큼 가을 편지의 진면목이 전신을 감고 돌았다.

> 훌쩍 넘겨진 자정/ 꽉 막힌 배수구처럼/ 답답해 누웠더니// 아스라이 들려오는/ 당신의 목소리/ 하얀 백지 위 손// 정신이/ 번쩍 든/ 봄 낙수 가락 맞추어/ 춤추는 다섯 손가락// 잠들지 못해/ 간절하게 바라는 부탁을/ 매정히 뿌리치는 눈꺼풀
>
> ―「시상(詩想)」 전문

자정이 넘도록 불면의 밤을 보내고 있을 시인의 가슴은 어떤 빛으로 물들어 있을까? 가을 편지를 보내는 화자의 마음과 천상에 머무는 아내에 대한 사모의 연정이 마디마디 가슴을 파고든다. "잠들지 못해/ 간절하게 바라는 부탁을/ 매정히 뿌리치는 눈꺼풀"….

아무런 말이 필요 없을 정도로 와닿는 작품이다. 시인의 젖은 가슴이 먹물보다 더 짙은 어둠일 것이라는 사실이 가슴 아프다. 그의 일상은 대부분 사연이 있고 거부할 수 없는 삶의 질곡들이 영화의 장면처럼 클로즈업되어 눈길을 끈다. 시는 시인의 영혼을 대변하는 것이니만큼 이상구 시인이 보내는 편지는 허공중에 흩어진 이름과 천국에서 기다리고 있는 아내를 향한 그리움과 손을 내밀어도 닿을 수 없는 안타까운 심경이 가을 하늘에 구절초처럼 나부끼고 있다. 슬픈 유행가 가사도 이처럼 감

동을 줄 수 없다고 본다. 유명 작곡가 한 분이 시인의 작품을 읽고 감탄하면서 대중가요 작사 글로 손색이 없을 만큼 감동을 주는 글이라고 했다.

　아내를 떠난 보낸 세월이 10여 년이 되었건만 시인의 가슴은 날마다 사무치는 그리움을 감당하기 힘들어 잠 못 이루고 하얀 밤에 텔레비전을 켜 놓으며 홀로와 더불어 독수공방 짝 잃은 외기러기가 되어 서성이고 있다. 그 모습을 생각하니 오금이 저리도록 쓸쓸한 기운이 휘감아 돈다. 남은 여정이 아직도 아득하기만 한데 시인의 가을 편지 속에는 천 년 고독이 스며들어 젖은 솜뭉치, 무거운 돌덩이가 되어 심장을 짓누른다. 밤이면 밤마다 낮이면 낮마다 시와 더불어 허공에 메아리치고 있을 시여, 사랑이여, 시인의 갈증이여, 외마디 신음 같은 시어들이 불붙은 폭죽처럼 톡톡 터지고 있다.

　그의 작품세계는 금석지감(金石之感)의 의미와도 같다고 본다. 금석 같은 굳은 약속을 이승에 머물고 있을 때 못다 한 회한의 아픔을 발신인 없는 편지글로 대신하여 하늘 멀리 날려 보내려는 시인의 한 가닥 희망의 날개가 아닐까. 이 글은 축하의 글이기보다 이상구 시인을 곁에서 지켜본 한 사람의 증언이다. 처절하게 고독한 삶의 초상화(肖像畵) 같은 부칠 수 없는 마음과 눈물이 시로 환생했다는 생각이 들 정도이다.

화자의 주제인 가을 편지의 마지막 구절을 읊어 본다.

　내일이 벌써/ 당신이 떠난 기일로/ 현실과 꿈이 뒤섞인 날들이었지요// 세월이 흘렀어도/ 방 안 곳곳/ 아직도 남은 흔적 사라질까 봐/ 편지를 써 놓고도/ 부치지 못하고 있어// 침묵으로 가슴앓이 된/ 끊어진 말들을 이으며/ 사는 일 하나하나 힘들어/ 버리고 비워가는 일뿐이오// 이곳 밤잠 설치는/ 텅 빈 방 안에/ 하루하루 무게가 실린/ 앨범 한 장 한 장 넘기며/ 즐거웠던 추억이 처량한/ 귀뚜라미 울음 속에/ 죽순처럼 솟아올라/ 그리워할 수밖에 없소// 어찌 이토록 참을 수 없는/ 고통의 흔적만 남겨두고/ 홀로 떠났나요// 눈을 감으니/ 따스한 가을 햇살 받은/ 당신의 얼굴이/ 연민의 눈길로 바라보고 있구려// 너무 걱정 마오/ 힘들겠지만/ 참고 견딜 것이며// 써 놓고 부치지 못한 편지/ 날이 밝는 대로/ 우체통에 넣을 것이오

　　　　　　　　　　　　　—「가을 편지」중에서

　이것으로 이상구 시인의 시집 축하의 글을 갈무리한다. 아무 말도 어떤 수식어도 시인의 절절한 가슴을 채우지 못함을, 이 편지 속에서 독자들과 함께 공감하고 싶을 뿐이다….

제1부
밤늦게 켜 놓은 텔레비전

- 시인의 말
- 축하의 글 하늘로 날려 보내는 천상(天上)의 연서 / 김천우

시상(詩想) __ 17
눈꽃 __ 18
목련화 __ 19
봄밤 __ 20
수렁 __ 21
토닥토닥 __ 22
사랑합니다 고맙습니다 __ 23
밤늦게 켜 놓은 텔레비전 __ 24
흐르는 강물처럼 __ 25
한 송이 들꽃 __ 26
누구나 한 번은 __ 27
언제부터인가 __ 28
황혼 __ 29
보고 싶은 얼굴 __ 30
후회 __ 31
무선기 목소리 __ 32
숙명 __ 33
가을 수재 __ 34
강제 퇴원 __ 35

제2부
봄이 오는가

다짐 __ 39

가을 편지 __ 40

인연 __ 43

차돌 __ 44

마지막 작별 __ 45

앨범 __ 46

가을밤 __ 47

아름다운 가을 __ 48

정 __ 49

꽃샘추위 __ 50

귀하신 몸 __ 51

봄소식 __ 52

봄이 오는가 __ 53

오래 살다 보니 __ 54

봄 마실 __ 55

겨울 숲길 __ 56

폐가 __ 57

새출발 __ 58

첫 강추위 __ 59

12월의 문 __ 60

제3부
뚝방길 민들레꽃

첫눈 __ 63

세월을 넘나들며 __ 64

행복 __ 66

귀성길 __ 67

석양의 나그네 __ 68

약속 1 __ 69

꽃망울 __ 70

국화꽃 화분 __ 72

가로수 __ 73

다시 찾은 평화 __ 74

시몬 __ 75

달빛 __ 76

뚝방길 민들레꽃 __ 77

신록의 계절 __ 78

이웃 __ 79

숲속의 웃음소리 __ 80

가로등 __ 81

달맞이꽃 향기 __ 82

약속 2 __ 83

제4부
늦가을 풍경

황금 들녘 __ 87

재회 __ 88

수정 같은 여인 __ 89

동행 길 __ 90

깊고 긴 여운 __ 91

바람처럼 __ 92

초가을 별 __ 93

가을 꿈 __ 94

붙잡을 방법도 없지요 __ 95

가을비 __ 96

귀향 __ 97

초겨울 새 __ 98

늦가을 풍경 __ 100

기원 __ 101

몽상 __ 102

겨울 숲 __ 103

고향 __ 104

행복한 문 __ 105

어머니 __ 106

제5부
봄은 왔는가

주고받는 기다림 __ 109
고달픈 가게 __ 110
가불 __ 111
새벽바람 __ 112
봄꿈 1 __ 113
인연 __ 114
사라진 고향 __ 115
봄은 왔는가 __ 116
석양 __ 117
바벨탑 __ 118
지혜 __ 119
목련꽃 필 무렵 __ 120
재개발 __ 121
봄꿈 2 __ 122
아카시아꽃 향기 __ 123
5월의 축제 __ 124
개나리꽃 울타리 __ 125
달 __ 126
유년 시절 __ 127

● 해설 시인의 정서(情緒)와 향수(鄕愁) / 윤제철 __ 128

제1부

밤늦게 켜 놓은 텔레비전

시상(詩想)

훌쩍 넘겨진 자정
꽉 막힌 배수구처럼
답답해 누웠더니

아스라이 들려오는
당신의 목소리
하얀 백지 위 손

정신이
번쩍 든
봄 낙수 가락 맞추어
춤추는 다섯 손가락

잠들지 못해
간절하게 바라는 부탁을
매정히 뿌리치는 눈꺼풀

눈꽃

풍화되지 않고 남겨진
애절한 당신 모습

먼 산 위로 해가 지며
풀벌레들이 울 때
운명처럼 찾아와도

손 한번
다정하게
잡을 수 없겠지만

꽃이 지고 계절이 추워지면
눈꽃이 되어

품 안에 안길 때까지
나는 기다리리라

목련화

여름 가을 겨울
쉴 틈 없이 달려온
긴 여행길

개나리 진달래
화관 머리 얹듯
단정하고 새하얀 꽃봉오리

봄 처녀 축복 속에
활짝 핀 목련화

봄밤

사랑하는 님과
향긋한 꽃향기
솔솔 마시며

맑은 호수 바닥처럼
깊은 마음속까지
미치는 포근한 품 안에서

봄밤이 새도록
도란도란
정담을 나눌 수만 있다면
질투에 사로잡힌 그리움이
발붙일 수 없으련만

수렁

듣는 시간
갈수록
파르르 떠는
문풍지 소리
더 쌓이는
새벽 적막감

내민 손
잡으려 할수록
바보 같은 생각이라
비웃는 소리
멀어져 가는 모습
더 빠져든
깊숙한 수렁

토닥토닥

눈길 한번 받아보지 못한
식탁의
노랑 연분홍
장미꽃 아홉 송이

주인 잘못 만난 것 같다는
어디선가
속삭이는 소리

깜짝 놀라
꽃병 물 갈아주며
감사한 마음
토닥토닥
수상 축하 꽃다발

사랑합니다 고맙습니다

늦은 밤 연 현관문
생활 도우미님이 보낸
식탁 위 메모

사랑합니다
고맙습니다
카네이션 조화 불가리스 두 병

거실 창 열고
박하사탕 향기
훅 들이마시며

별빛이 빛나는
오월의 앞산
하늘을 본다

밤늦게 켜 놓은 텔레비전

늦은 밤

남편은 일찍 자고
자식들은 언제나 멀리 있어
말벗해 달랄 수 없는 노릇

나이 들어 홀로 있는 아내
텔레비전을 켜 둔 채
자며 깨며
노는 법을 익혀야 한다

듣지도 보지도 않으면서
밤늦게 켜
혼자 떠드는 텔레비전
아내보다 더
사람 소리 그리워
외로울 것 같다

흐르는 강물처럼

흐르는 강물처럼
우리들의 삶도 흐른다

세월은 가고 나는 남아서
가는 세월을 탄식한다

항상 기쁨은 슬픔 뒤에 오듯

기억할 것은
해는 저물어 종이 울린다

한 송이 들꽃

먼 산 위로 해가 지기 시작하면
서늘한 한 줄기 바람과 함께
세월의 들녘 한 모퉁이
풍화되지 않고 하얗게 남은
슬픔의 흔적들

함몰된 세월의 아픔으로
찾아들었다

내 안의 그대처럼
풀벌레들은 가슴이 되어 울 것이고
한 계절의 양지 끝에 서 있어
계절을 아쉽게 하겠지
당신 모습 앞에
꽃이 다 지면
계절이 추워지고 세상의
마지막 서러운 한 송이 들꽃이 되어
지금 서 있는 그대로
당신 뒤에 서 있지 않기를

누구나 한 번은

모두가 꿈속의 한평생임을 모르고
탐하고
성내면서
시비만 일삼았구나
이 강을 건너야 하는데
누가 너이고 나일까

누구나 한 번은
건너야 하는데
누가 옳고 그른가
곧 바람 멎고
나 또한 다를 바 없이
불 꺼지리라

언제부터인가

밤벌레 쓰르륵쓰르륵 울 때마다
언제부턴가
흔드는 것이
까맣게 잊었던
차가워진 달빛인지

등나무 구멍 속
까맣게 잊었던
남편 잃은 다람쥐 울음인지

새벽잠 설치는 늙은 농부
객지 떠돈 아들 걱정으로
까맣게 잊었던
짓는 눈물인지

황혼

한 줄기 차가운 강바람
갈꽃 흔들고

먼 아지랑이 향해
시간은 달아나는데

무거워진 몸
황혼의 강변을 서성인다

허공에 춤추던 발길
머물 곳 없는 영혼 손잡아 주자

보고 싶은 얼굴

빈 들녘에서
자지러지게 임을 부르고 있는
크낙새의 목 타는 가슴

파아란 하늘 아래
하얀 자갈밭
시냇물 가
흐드러지게 핀 철 이른 국화

신부의 화관처럼
아름다웠던
인연을 잊지 못하고
그리움만 남겨 놓고 떠난
땀방울 젖은 7월의
야속한 얼굴

후회

하루라는 시간을 보내기 위해
이른 새벽
절절한 외로움을
흘러간 계절 속에서
불러 놓고
후회의 가슴을 치면

때론 머리 흔들며
분노와 아쉬움이
끓어오른다

미움도 원망도 부끄러움도 떨쳐버리고
세월을 다시 돌릴 수 있다면
맑고 투명한 이슬처럼
세상을 살 수 있으련만

무선기 목소리

베란다 창 너머 멀리
모든 수목들이 절정의 삶을
노래하고 있는
올라가야 할 높은 산
열 지은 야산 길 등산객

등산을 앞두고
무선기에 흘러나오는
히말라야 등산 친구

홀로되신 아버님 잘 좀 부탁한다
아버님으로 모실 터이니 걱정 마라

세월은 흘렀어도
어제 같은 생생한 목소리

숙명

많은 사람들이
맞이할 죽음에

투병의 고통 끝에
하루하루 삶을
앗아가고 있어도

미래의 두려움에 얽매여
한평생 걷고 있는 이 길이

얼마 남지 않은 시간이
초조한 나날을 보내기에는
자연의 섭리에
아깝지 않은가

가을 수재

먹구름 계속 끼더니
예상치 못한 가을 폭우

집집마다 역류 하수구로
더렵혀진 가재도구
밤새도록 옮기느라
고통을 치렀네

결실의 고마움 어디 가고
이기적 오만만 깊어

화가 난 자연 벌을 받고 말았네

검은 눈에 고인 눈물로
가슴에 새겨진 참회

볼 수 없을까 걱정했던
보름달 어느 해보다 크고 밝아
우리를 위로하네

강제 퇴원

집에 돌아와
소파 및 자리 잡고

눈 감다 뜨다
먼 산 바라보다가

앙다물어 피멍 든 입술에서
새어 나온 신음

이제야 알겠다
얼마나 아팠으면

해산 때보다
더 고통스럽다고 할 때

손 한번 잡아주지 않은
냉정했던 사람인 것을

제2부

봄이 오는가

다짐

고운 단장으로
임과 함께 걷는 길
수채화처럼
고개 숙여 사뿐사뿐
진정한 행복이 무엇인지

당신을 만나
가슴으로 느끼게 된 것
사무치도록 감사할 일

해야지요
후회하지 않는 사랑
첫 만남의 소중함
깊이 간직

가을 편지

들판을 건너온
한 줄기 차가운 비바람이
개울가 갈대 흔들며
유리창에 부서지는
서걱서걱 스산한 소리

하루하루가 빠르다는
느낄 틈 없이
가을도 떠날 준비를 하고 있소

내일이 벌써
당신이 떠난 기일로
현실과 꿈이 뒤섞인 날들이었지요

세월이 흘렀어도
방 안 곳곳
아직도 남은 흔적 사라질까 봐
편지를 써 놓고도
부치지 못하고 있어

침묵으로 가슴앓이 된
끊어진 말들을 이으며

사는 일 하나하나 힘들어
버리고 비워가는 일뿐이오

이곳 밤잠 설치는
텅 빈 방 안에
하루하루 무게가 실린
앨범 한 장 한 장 넘기며
즐거웠던 추억이 처량한
귀뚜라미 울음 속에
죽순처럼 솟아올라
그리워할 수밖에 없소

어찌 이토록 참을 수 없는
고통의 흔적만 남겨두고
홀로 떠났나요

눈을 감으니
따스한 가을 햇살 받은
당신의 얼굴이
연민의 눈길로 바라보고 있구려

너무 걱정 마오

힘들겠지만
참고 견딜 것이며

써 놓고 부치지 못한 편지
날이 밝는 대로
우체통에 넣을 것이오

인연

들녘을 달렸던 바람
높은 하늘로 내몰려
휩쓸게 된 숲속
물들어 가는 단풍잎

한 잎 두 잎
무서리에 젖어
가늠할 수 없이
다시 돌아올 수 있는

긴긴 사계절
인연이기에

마지막 남은 한 잎이라도
품 안에 푸근히 안아 본다

차돌

바위가 부서져 돌이 되고
헤아릴 수 없는 수만 년
비바람 물결에 씻겨
차돌이 되기까지

쏟지 않아 얼마나 많은
땀과 눈물을 흘려야 했는지
생각을 해 보았는가
들이지 않은 얄팍한 힘 끝에
손 털고 일어나는 사람들

부끄럽지 않은가
손에 쥔 차돌 앞에

마지막 작별

애조 띤 노래 곡조가
한밤중

가슴속에서
꿈속과 현실을
넘나들며 촉촉이 적셔지는 눈시울로
솟아오르기 시작하자

잔잔했던 호수에
일기 시작한 가녀린 너울

친구 등을 토닥거리며
깊어 가는 초가을
아득히 멀어져 간 세월 저편
마지막 떠났던 학원

앨범

가을을 등에 업고
기회를 엿보던

추녀 끝 섬돌 밑
높아지는 귀뚜라미 울음에

계절은 변함없으나
달라지는 건강이
귀밑 하얀 머리카락

조금씩 밀어 올리면
책장에서 내려온 앨범
나이를 한 살이라도
더 먹어간다는 절박감에
다시 펼쳐 본다

가을밤

북녘 하늘
찬바람에
숨 가쁘게
빠져나온
하늘을 오르내리던 단풍잎

아스팔트 거리 휩쓸며
차가운 빗줄기로 상처 입은 가을밤에

사냥꾼에 짝 잃고
먼 남쪽으로
떠나가는 쇠기러기 울음소리

아름다운 가을

사랑하는 손자 손녀들아
너희들이 살고 있는 이 강산 가을이
얼마나 아름다운 삶의 터전인지

붉고 노랗게 산야에 물드는
단풍나무가 계절의 변화를 알려주며
높디높은 하늘은 구름 한 점 없이 짙푸르고
들에는 논에서 벼가 황금물결로
고개 숙여 고추잠자리가
춤추는 무도장
아이들 들판을 달리는 운동장이었단다

사랑하는 손자 손녀들아
생활의 편리함과 물욕에 눈이 어두워
이렇게 아름다웠던 가을인데
바다 육지가 쓰레기 더미로 쌓여
오염된 지 오래란다

늦게나마 자연환경 파괴가
얼마나 사람들에게 악영향을 미치는가를
심각하게 반성하고
끊임없이 보존 운동을 하여라

정

쓰르륵쓰르륵 떨어져
아침저녁 여기저기
쌓이는 낙엽

이별은 서러운데
바람에 등 떠밀려
한 달 두 달 곳곳이
메말라 가는 소리

가을아 가을아 아름다운 가을아
고통을 다독이며
일 년 이 년 힘들게
쌓여 왔기에 사라지지 않는
모질게 발길 돌리지 마라

꽃샘추위

답답한 독방에
떠나보내는 하루하루가
벌떡벌떡 빅뱅이 치는 가슴
감당치 못해

곱게 포장된
한 토막 추억을 불러 놓고
하소연한 후

네모진 망을 빙빙 돌다
외출 나갔던 시모에게 들킨 데다
건넌방 시누이까지 알게 된
늦 시집살이

귀하신 몸

주머니 속만 돌아다니다가
우연한 기회에
손에 잡혀
나오게 된 밝은 세상

오랜 세월이 흘러
기억도 가물가물
귀한 대접을 받았던 너

변치 않는 가치가 없듯이
덩달아 곤두박질쳐져
아무도 거들떠보지 않아

작고 가벼워진 몸체로
때깔마저 변한
10원짜리 동전

봄소식

머어언
높은 산 고라당

엄마 품처럼 포근한 봄 햇살로
희끗한 잔설
연기처럼 모락모락
아지랑이 피우고
실개천 물소리 졸졸졸

풀뿌리 적시는
연두색 화장에 솟는 보릿잎
산골 마을 나뭇가지 성화에

덩달아 움틀 준비 바쁘게
새 생명 밀어 올리는 힘이 될 때
숲속 나온 맵새

눈 빠지게 기다리던
하늘 높이 봄소식을 전한다

봄이 오는가

유채 매화꽃 내음
슬슬 스며들면
적막했던 숲속
호젓한 산골 밭두렁
나물 캐는 아낙네 바구니
포근한 남녘 실바람 타고 온
봄 향기에 깜짝 놀라
묵은 까치둥지
고개 내민 뻐꾹새

봄바람 지나간 자리
골목길 아이들 해맑은 웃음으로
새순 돋아
꽃이 되고
햇살이 머물던 곳

떠난 임 그리움에
목울음대 넘어 토해 낸
애잔한 소원 모른 채로
청아한 새소리 합창이 들려야

싱그러워진 숲속
봄이 오는가

오래 살다 보니

요양병원 있었는데
갑자기 소식 끊겨
궁금했던
홀로 살던 할머니
견디지 못하고
퇴원했다는 말

혼자 사는 것이
몸과 마음 편하다는 생각
옳았음을 다시 확인한 세상임은 물론

환갑 지난 삶도
자랑이었던 때가 언제인데
아이도 낳지 않는다는 볼멘소리

봄 마실

연일 계속되는
매서운 추위가
장롱 보관 내복
내놓게 한다
네모진 방 빙빙 돌아도
감당하지 못해
벌떡벌떡
빅뱅이 치는 가슴

툇마루 양지 위로
불러 놓은 한 줄기 추억

앙칼진 시누이 눈길
미안했던지

언제 그랬냐는 듯
앞산 고개 넘어
철 이른 봄 마실 가자 하네

겨울 숲길

잠 못 이뤄 쌓이는 무게로
깊은 밤
간간이 들리는
소나무 가지 꺾이는 소리
화들짝 놀라

잠자던 멧비둘기
날갯짓 끝나면
모든 길이 멈춰

적막에 짓눌려
고독과 함께 홀로 걸어야 하는 고달픈 길
앞서가는 임 모습
희미한 별빛 삼아
슬픔을 먹고 자란
겨울 숲길

폐가

손댈 때마다
아프다고 소리 지르는 녹색 대문

써 본 지 오래돼 뒤집어진 툇마루
시렁 위 밀짚모자

대낮인데도 어두컴컴해
거미줄만 보이는 부엌 천정

갈라진 황토벽에 먼지만 쌓여
삐그덕삐그덕 발 옮길 때마다
조용히 하라는 대청마루

어떻게 알고 찾아왔는지
관리인 독촉에 서둘러 나온 폐가

새출발

사라진 새벽 깃발 아래
불렀던 옛 노래와

한겨울 모진 칼바람 소리를
머릿속에서 지운 후

멍든 가슴에
신발 끈을 동여매고
쌓인 쓰레기덤을 치워서

분출하는 가슴속 원한을
차가운 냉수 한 그릇으로 진정시켜
새출발을 해야지요

첫 강추위

소복소복 쌓인 낙엽 적셔지듯
눈물로 얼룩진 옷소매

언제 다시 온다고
이별 한마디 못 하고

아른거리는 양지 곁을 따라
정을 준 그리운 산과 들
허둥대는데
종종 귀가 발걸음도

차가운 눈비 맞으며
첫 강추위에 얼어
깊어 가는 겨울밤

12월의 문

계속되는 시련에
상처 입은 영혼

계절은 저물어
허허로워진 빈 가지

휘몰아치는 서릿바람이
방황하는 광야 속

치유되지 못해
쌓여만 가는데

거둬지지 않은 어둠으로
12월의 문이 닫히고 있다

제3부

뚝방길 민들레꽃

첫눈

꿈결처럼 고운
낙엽이 다 지고

가을이 산 넘어 떠났어도
외로워 않는 것은

설탕처럼 순백의 눈이
품 안에 안겨

그대여 남은 생애
진실된 마음임을 알게 되는 날

따뜻한 사랑을 하기 좋은
계절이기에

새록새록 밤새껏
나에게로 내려와 쌓여지기를

세월을 넘나들며

한 해를 마감 못 한
들뜬 분위기 대신

따스한 양지의 계절을
찬바람이 낙엽을 시켜 쓸어 보내고

유리창을 통해 들어온
따스하게 변한 차가웠던 햇빛으로

스르르 감긴
촉촉이 젖은 눈망울로
사장님과
작품 출판에 대한 협의를 위해
커피숍에 앉았다

하루 종일 허연 가루 호각 소리에
술래잡기한 후 어둑해지면
마지막 헤어지기 전
종로 뒷골목 삐걱거리는 주점 탁자에
모인 친구 네 명

애절한 어머님 모습을 지우게 하여
세월을 넘나들며

고통을 이길 수 있게 한 것은
한 잔의 커피 향이었다

행복

짧은 가을 해가 지고
사위가 무겁게 내려앉게 되면
진주알처럼 반짝반짝 빛났던
아름다운 영상들이

잔잔히 흐르는 강물에
한 편의 추억들로 스며들지요

이른 새벽 품앗이 일 하러 간 부모
눈 빠지게 기다리며
집에 돌아온 기침 소리에
달음질치는 어린 자식들

처음 만났을 때처럼
변함없이 소중히 여긴다면
궁벽한 산골일지라도
설레는 마음으로
떠나지 않고 같이
서로 사랑하며 살 수 있으련만

귀성길

신발이 다 닳도록
눈 감고도 다녔던 곳인데
달빛 막아버린 검은 장막에
한 치 앞 가늠할 수 없어

별빛 의지해서라도
넘어야 할 섣달 그믐밤

스치는 차가운 바람에
등진 짐 힘드는 줄 몰라

등골 땀만 흐르는
귀성 고갯길

가족 하나 없는 가족이기에
신발 거꾸로 신고
사립문 제쳐 달려 나오셨던 어머니

지난 세월
눈앞에 보인다

석양의 나그네

어려웠던 지난날의 사연
아스라이 떠오르는

꽃향기 그윽한 해 저문 들녘
시려진 가슴속

깊이 묻힌
한 줌의 재

그리움도 슬픔도
모두 안고

반짝이는 별빛으로
살아나면

뒤척이는 새벽잠에도
계속 갈 수밖에 없는
석양의 나그네

약속 1

밝은 달빛을
뜬눈으로 하얗게 지새워
흘러간 세월을 뒤돌아보며

소중한 사랑을
굳건한 의지와

젊은 열정으로
이기심을 밀어내서

이 계절에는
한 가지라도
영혼의 향기 속에
이루어지도록
기원할 것입니다

꽃망울

전철역 가는
상가 앞 보도블록 길가

푸석푸석 먼지만 쌓여
바싹바싹 타들어 가는 화단

예년과는 달라
비가 오지 않는 봄

올망졸망 힘겨운
꽃망울들로

오며 가며 까실까실
메말라 가는 마음

챙기지 못한
출근길 우산보다

내리기 시작한
반가운 비 소식에

소곤소곤 활짝 핀
하얀 조팝꽃 망울

두둥실 춤이라도
추고 싶은 생각 아는지

국화꽃 화분

그해 가을
사다 놓은
노란 국화꽃 화분 하나

평소 건강치 못해

따뜻한 햇빛 따라
자주 나왔던
베란다 화분 옆

힘겨워한 긴 겨울
넘기지 못하고

어린 남매를 남겨둔 채
고개 숙인 화분과 함께
떠나간 여인

가로수

창 너머
앞산 줄기 따라

물들어 가는
연초록 잎새 솟을 무렵

미화 명분으로
이발 머리카락처럼 동강동강 자르는 가지
아프다고 지르는
어린 자식들 신음 소리

끌려온 씽씽 달리는
굉음과 분진 속 아스팔트

지옥 같은 대로변 대신
오순도순 정 나누던 가족

고향 숲 못 잊어
흘리는 어머니 눈물

다시 찾은 평화

한여름 뜨거운
한증막처럼
시멘트 바닥에 짓눌려
조였던 검은 손
고통에 시달렸던 나날

동녘 하늘에 들리는
붉게 물든 새벽
천사들의 다디단 목소리에
닫힐 줄 모르는
벌쭉이 입들

시몬

사랑하는 시몬
만나고 헤어짐은

자연의 법칙이지만
때가 되어도 못 떠나
지새우는 밤은

훼손될 위기의 명예보다
좌절감 때문이다

세 치 거짓 혀로
얼어붙은 가슴
뜨거운 열정 앞에서는

스르르 녹아버리는
추녀 끝 고드름이라 해도

사랑하는 시몬
아물지 못하는 상처에도

변함없이 지켜주는 것은
시몬에 대한 진실한 사랑뿐이다

달빛

서로 나누어 가질 수 있는 연대감 때문에
달은 멀고도 가깝다

누군가에게는
그리운 설렘이고
사무치는 안타까움이기에
하늘 끝 아득히
이별한 사이일지라도
다정하고 또 야속하다

휘영청 달빛으로
임을 향한 그리움을

견디다 못해
정원을 거닐며
간절한 기원
두 손에 듬뿍 담아
산 넘어 기다리고 있는
소슬바람에 실어
보내고 싶다

뚝방길 민들레꽃

풀잎들이 새초롬히 앉아
잎새로 비춰지는 그림자가

산들바람에
소리 없이 흔들리며

터트리는 웃음소리에
전하는 새들의 합창으로

향기 풍겨 주며
샛노랗게 핀

뚝방길 한 송이 민들레꽃

신록의 계절

목숨줄 같은 시간들을
냇물처럼 흘려보내고

하늘 높이 둥둥
구름 사이로 유유히

세월을 등에 업고
숲속을 유랑하는 계절

다독이는 손길 없으니
잡을 길 없는 초여름 신록

낮달을 친구 삼아
방방곡곡 누비고 싶구나

이웃

슬픔을 마시며
자란 들녘에서
티끌이 휩쓸던
지나간 세월

힘 달려 놓아 버린
맷돌 방앗간
다시 돌리려 하는데

어이야 디야
어이야 디야

부르는 노랫가락 모습
볼 수도 들을 수도 없네

뒤돌아보며
떠나가는 이웃들

숲속의 웃음소리

아름다운 화초들의 미소에 쏠려
눈길 한번 받아보지 못해
긴긴 봄 계절 동안
한줄기 비라도 내리길 바라는
애타는 나목들의 간절한 마음
볼멘 함성 어제 같은데

알아주는 사람 없으면 어떠랴
살랑살랑 추는 신록 춤바람에

내리기 시작한 시원한 빗줄기로
끝일 줄 모르게 들리는
숲속 웃음소리

가로등

세상에는
밤과 낮에 따라

생각이 달라지는
필요한 것과 없어도 되는 것

밤에는 가로등이
절대적으로 필요하고

낮에는 없어도 되는 상반된
공존의 이치가 성립

낮에는 필요치 않다고
없앨 수 없는 가로등

달맞이꽃 향기

풀잎들이 새초롬히
둘러앉아

산들산들 흔들다가
까르르 터트리는 웃음으로

전해지는 새들의
청아한 목소리

마음 밭고랑에서
바람의 손짓에 꺼진 불빛

다시 등불 밝혀
고향 찾은 달맞이꽃 향기

약속 2

인적 드문 언덕길
소슬바람 친구 삼아
홀로된 하얀 들국화 한 송이

적막감에 시달려
굳게 닫힌 문

안 좋은 소식 전하고자
방문한 남 친구
따스한 권유로
살며시 열린 입

외로움에 시달렸으면 어떠랴
언젠가는 반드시 귀향할 것이라 약속한
님을 기다리고 있기에

무뢰한에게 꺾여
객사했다는 임 소식인들 어떠랴
반드시 만나게 될
다음 세상 약속이 있기에

제4부

늦가을 풍경

황금 들녘

고개 숙여 이슬 젖던 논두렁
하늘 높이 춤추는 고추잠자리

한발 앞서 휘둘린
허탕 친 잠자리채

덩달아 후드득후드득
뜀질하는 메뚜기

넓고 넓은 노란 들녘
파란 하늘 구름

어머님 저녁 독촉에
바지 젖는 줄 몰랐던

차마 잊을 수 없는
황금물결 저녁 귀가길

재회

캄캄해진 하늘 아래
쏟아지는 장맛비로

한때
격랑에 휩쓸려
같이 걸었던 여인

세파에 시달려서
더 작아진 얼굴로

차곡차곡 쌓여진 세월
다시 만날 약속도 못 하고
허둥대며 헤어진 아쉬움

추억 속 그리운 여인
어느 곳으로 사라진 것일까

수정 같은 여인

처마 끝에서
가만가만 내게 다가와
수정처럼 맑은 미소로

가까워진 곳에서
스르륵 뜸벙 스르륵 뜸벙

영원히 올 수 없는 곳으로
그려보는 가슴에 담고 떠난 사람

소리 없이 흘러간 세월 저편
그리운 추억의 수정 같은 여인

동행 길

혼자가 아닌 두 사람이
믿음과 사랑으로 손을 마주 잡고
당신과 하나가 된
아름다운 동행 길을 만들지요
험한 고갯길을 극복해서

세상 살다 보면
힘들고 고통스러운 일도 많겠지만
이겨나가는 행복한 동행 길이 되지요

밤하늘 달과 별이 아름다운 것은
혼자가 아닌 함께라서이지요

이제 얼마 남지 않은 날에
후회하지 않는 사랑을 위해서
당신을 만난 것을
소중하게 간직해야지요

사랑하는 당신
아름다운 여생을 위해서
이 생명 끝날 때까지
변치 말고 힘써 노력해야지요

깊고 긴 여운

하루에 몇 번씩 떠오르는 모습
그것이 허상일지라도

만나서 허술히
헤어진다 해도
남겨진 흔적은 깊고 긴
여운으로 남기에
숨을 쉴 수 있습니다

굳을 대로 굳어 갈라진 상처
따뜻한 그리움 한 주먹 스며들어야
봉합이 이루어져
세월을 이겨 나갈 수 있으리라

바람처럼

산천을 유랑하는
바람이 되고 싶은데

이미 담 너머로
세월이 품고 달아나 버려
유유히 흘러가는
희미한 낮달을 벗 삼아

먼 길 끝에 누운
푸른 산자락 위로
보석 같은 시간
빗물처럼 흘려보내고

마음을 잡아주는 길손을 찾아
떠밀리듯 나섰으나
갈 곳 없는 발걸음

초가을 볕

나풀거리는 나뭇잎 보며
듣는 윙윙 갈바람 소리

빨랫줄 걸어 놓은
재잘대는 참새 떼 소리

내게 다가온
하얀 가을 햇살

깜짝 놀라 올려다보니
자연은 말라빠진 그네를 타고 있다

가을 꿈

푸른 호수를
가을 하늘처럼
헤엄치는 철새 떼에게
작별 인사 받는다

낮에는 햇빛
밤에는 달빛 안내로
천 리 길 달려온 임
노란 국화꽃 향기 풍긴다

날 새기 전에 떠난다기에
새벽닭 울음소리가 깨운
이불자락

붙잡을 방법도 없지요

서산 너머로 해가 지면
어둠에 갇힌 철새들은

가느다란 목덜미로
외로움을 삼키며 잠이 들고

향기를 나누던
사람은 떠나서

오래도록 가슴으로
돌아오지 않는다

아무도 안 계세요
전생에서 이승을 부르는
소리처럼 아득해

마음을 빳빳하게 다림질한 뒤
다시 이곳에 이르지 못하였다

가을비

어두운 길목
지친 무게만큼
젖어 있는
기억들

지울 수 없어
남기고 떠나야 할

애처로운 우리들의 이야기
다시 못 갈 길처럼
가을비가 내리고 있다

귀향

떨어지는 빗방울에
녹슨 함석지붕 소리

그해 겨울 아침
고향 떠날 때

날이 훤히 밝아
벼 이삭 익어 고개 숙인 논두렁길
조심히 가자고
다독이는 따스한 손길

가물가물 사라질 때까지
서 계시던 자리

오랜 타관 생활 중
어머님 기일 찾은 고향인데

소식 한마디
물어볼 사람 없는 낯선 마을

초겨울 새

잿빛 구름 내려와
하늘 밑을 깔고
살얼음 언덕 밑에서
강물 소리 없이

우물쭈물 머뭇거리다가
녹는 한낮
나뭇가지마다
명당자리 찾지 못해

달빛 싸늘한 밤
둥지 틀 곳 없어

빈 허공만을
배회하다가

후드득 나래 펴
세상 한 구석
어둠을 밀어내도
쉴 곳 없고 갈 곳도 멀어

가시덤불 덮고
늦잠을 청하다가

스르륵스르륵 구르는
낙엽 소리에
쫑긋 귀 열고
엿듣고 있는
초겨울 새

늦가을 풍경

빛바랜 나뭇잎이
그늘을 지우는 동안

앙상한 그림자는
암호 같은 그래픽을
가늘게 또는 굵게

낙엽 위에 종일
그렸다 지웠다 반복하는데

지나가는 바람은
하루 종일 숨바꼭질하며

사정없이 사방으로 흩으러
쓸어 모으는 힘든 손

기원

섬광처럼 흘러간
세월을 뒤돌아보며

이 마지막 가을에는
결실을 거두기 위하여
하룻밤이라도
하얗게 지새워

순결한 영혼의 향기 속에
한 가지라도 이루어지도록

소중한 생명인 사랑을
굳은 의지로 보살펴
얄팍한 지식으로 덮으려는

나약한 방황 속에
돋아나는 허상을
지울 수 있는 확고한 신념으로

하늘을 향해
기원할 것입니다

몽상

골똘히 생각해도
글 한 줄 떠오르지 않는 순간

따르릉따르릉
답답하다고 머리 흔드는
괘종시계

시도 때도 예측 못 한
갑작스런 소통

여보세요 혹시 어제 저녁
전화하신 일 있었습니까?

없습니다만 반드시 있어야
소통이 이뤄지는 것은 아니지요

시도 때도 예측 못 한
갑작스런 소통

듣지도 못했던 음성을
듣게 되었다는 것은

일상에 얽매어진 하루하루에서
벗어난 듯 사실로 빠져드는 착각이다

겨울 숲

세상 끝낸 인간의 노구를 닮은 듯
뼈만 앙상하게 높이 솟은 숲

하늘을 향해 구원을 간구하듯
마른 잎 하나마저
비워버린 겨울이기에

비워짐과 차 있음이
한 몸이 되어
사계절 풍요로움에 감사했어도

여백 없는 삶의 치열함에서
벗어날 수 있으련만

고향

메마른 늦가을에
갈대처럼 야윈 얼굴로
산두렁에서
걸어가고 있는데

기다림에 지쳐
떠난 빈 들녘
모진 북풍

비바람 결에
애원하듯 부르는 소리
끊임없이 들릴 뿐

조상 대대로
쏟은 농토 위에
땀방울은
찾을 곳이 없구나

행복한 문

서로 감싸주는 사랑으로
용솟음치는 열정을

깊이깊이 쏟아
하늘 끝까지

높이높이 올려
이기심으로 몰아내면

열리게 되는
행복한 문

어머니

어머니 어머니 어머니
벌써 한 해가 저물어 갑니다

아직도 다하지 못한 일들
손도 못 대고 시간만 갑니다

어머니 어머님
보고 싶습니다

인생길이 끝나면 달려가겠습니다

제5부

봄은 왔는가

주고받는 기다림

가끔씩 보게 되는 사람이
날마다 신경 쓰지 않고
만나게 되는 사람보다
고통스럽고 서운하겠지만 좋다

가슴 벅찬 기쁨도
한편으로 생각하면

헤어지는 슬픔이 있어야
또다시 오게 된다

누군가도 나를 만나기 위해서
집에서 손가락을 꼽거나

길거리나 다방에서
기다림을 치러야 이뤄진다

고달픈 가게

대로변 뒷골목
청홍색 표시판
빙글빙글 도는 이발소

다리 저는 장애인 이발사
빼꼼히 문틈으로
손님 오는가 살피는
눈망울

목돈 들여
한 푼이라도 벌기 위해
문은 열었으나
월세 보증금만 까먹고 있다니

가불

출근길 현관 앞
얼굴 돌린 채

막내딸 손에 내민
밀린 방 월세 독촉장

월말이니 잃어버리지 말고
준비해 오라는 아내의 당부인 것을

하늘을 올려다보았다
회사 사정도 좋지 않은데
월급은커녕 가불이라니
낮게 드리운 구름에서

내리는 진눈깨비로
발걸음은
미끄럽기만 하다

새벽바람

옷자락 여미고 여며도
별들이 촘촘히 떠 있는
깨워도 일어나지 못한 채
남겨진 눈에 선한 어린 자식들

설날도 며칠 앞두고
목에 박힌 가시처럼
아픔을 삼키며

전철역 계단을 향해
무거운 발걸음을
옮기는 맞벌이 부부

봄꿈 1

거짓이 진실이 되어
헷갈려 살기 힘든 세상

슬픈 일 당하면
손을 내밀며

이슬 젖은 눈으로
위로하다가

가끔씩 토라질 때
너그럽게 이해함으로써

차가운 엄동설한
가슴 따뜻한 이야기를 나눌 수 있는

그러한 사람을 만나고 싶다

인연

사라지는 세월 속에서
겹겹이 포개어진
사연들이 솟아올라

휘몰아치는 바람에
감긴 눈으로
망각에 휩싸일 때마다

불러보고 싶었던 그의 이름이
인연의 끈이 되었기에

무거워진 등짐에
힘 부쳐 내려놓았으나

언젠가는 당길 때가 오리라
확신하는 나날

사라진 고향

세월이 사람을 사냥한다지만
삼키지 못하는 추억

꿈 찾으러 멀리 떠났던 고향
되돌아와 기웃거려 보지만

아는 사람 하나 없이 낯설어진
분홍꽃 살구꽃 피던 집터

가신 님 온기 없어지고
오롯하던 살붙이 정겨움 사라져

구름이 눈물이 된
붉게 물든 서녘 하늘

봄은 왔는가

흘러가는 이른 봄 강가
산간 마을 나무들에게 들리는
풀뿌리 적시는 연두색 개울 물소리

내밀기 시작하는 푸른 보리 싹 맞춰
나누는 냉이 씀바귀 달래

하루하루 길어지는 낮에
소근대는 귀엣말

숲속을 나온 멧새들도
나비처럼 이곳저곳 날며
콧노래가 하늘 높이 들리는데

산과 들을 휩쓸었던 찬바람
지금은 어느 곳에 머물며
훼방을 놓고 있는지

석양

숨 막혔던 새빨갛고
하얀 봄 향기를 뒤로하고

사랑을 모락모락 피우는
고운 자태를 뽐낸 후

오로지 열매를 튼실히
익히려는 저녁 무렵

새들도 둥지를 찾아 떠난 후
햇빛에 반짝반짝 빛났던

시냇물과 꽃봉오리 모습들을
얼마나 기억할 수 있을지

생각을 거두지 못할 때
먼 앞산 봉우리가
물들기 시작하는 석양

바벨탑

나는 모르고 지냈지요
이 세상은 모래알로만 이뤄진

삭막한 곳으로만 굳게 믿어
사랑이 무엇인지도 모르고

다람쥐 쳇바퀴 속만
달려온 세월인데

이런 날이 올 줄 꿈엔들
생각 못 하게 된

잡아주신 따뜻한 손길에
무너진 거대한 바벨탑

지혜

언젠가 들었던
가녀린 꽃잎 웃음소리

삭막해진 이기심으로
안개처럼 살아졌어도

솔솔 부는 봄바람 타고
뭇 생명 솟아오르면

서로 손잡고 다독이며
영롱한 아침 이슬 받아 마시니

따뜻한
가슴을 품고

샘솟는 지혜가
다시 찾아드네

목련꽃 필 무렵

호젓한 산기슭 빈집 마당

앙상했던 나무 한 그루
모락모락 아지랑이처럼
하얀 봉오리 솟을 때면
떠오르는 그해 봄

오며 가며 익숙해진
엷은 미소 띤 모녀 눈인사 등산길

지병 중인 어머니를 여의고
고아가 된 여인

촉촉이 이슬비가 내리는
고향 떠나던 날

자주 뒤를 돌아보며
가물가물 멀리 사라질 때까지

흔들어 주던 손
어떻게 잊을 수 있으랴

재개발

봄비가 촉촉이 내리던
가파른 전통 가옥 밀집 지대

마주 보고 서서
뿌리 잘릴 날만 기다리는
오래된 은행나무 두 그루
할 말이 있다고 들어 보라 하네요

가진 것 없어도
오순도순 가족과 이웃 간에
서로 사랑하고 도우며
살아온 세월이
마냥 고달팠던 것만 아니라 하네요

사라진 아이들 웃음소리로
해맑았던 골목길 대신

여기저기 하늘 높은 줄 모르고
치솟는 고층 빌딩 아파트를
지켜본 결과 행복했다고 할 수 없는 것은

간병 중인 친정 노모 사별한 후
삶을 스스로 접은
두 자매를 보라 하네요

봄꿈 2

간간히 들려오는 산비둘기 채근에
살며시 일어난 수줍은 얼굴

애타게 손 내밀어 잡히지 않아
새카맣게 타들어 간 가슴
가만가만 다독여 주고

선녀 옷 날개 달아 푸른 하늘로
나비처럼 나풀나풀 날아가

애타게 손 내밀어 잡히지 않아
기나긴 밤 잠 못 이룬 채 밝아 오는 새벽

맑은 미소로 가슴에 포근히 안긴 채
흥건히 적신다 눈물

그리워 목이 메도록 불러 보는
수정처럼 맑은 당신

아카시아꽃 향기

망설이다
먼 남녘 해변을 향해
집 나선
고속버스 신록의 계절

차창에 스며드는
아카시아꽃 향기 앞세워
딸랑딸랑 초록 잎새 춤

누이와 함께 꽃 꺾으려
아지랑이 아물거렸던
고향 뒷동산 올라

휘두른 장대로 성질나게 한 벌집
정신없이 쫓겨 누이보다 먼저
달음질친 아스라한 세월

5월의 축제

너울너울거리는
날개를 달아

보랏빛 무지개를 타고
하늘로 오르는 날

박하사탕처럼 달콤한
5월의 축제를

맞이하는 기쁨에
설레는 행복한 마음

새빨간 장미를 앞세워
봉올봉올 가슴을 적시는 내음

개나리꽃 울타리

해가 바뀌고 바뀌어
많은 날들이 흘렀음에도

잊지 않고 반갑다고
살랑살랑 흔드는 연초록 잎새들

창가에 다가서자
아스라이 부르는 소리

봄 가뭄이 극심했던 그해
굉음과 먼지 속 재건축 현장

뽑힐 것으로 계획된
남아 있던 개나리꽃 울타리

주차장으로 변경된 공사로
목숨을 건졌다니 다행이나

삶의 터전을 잃게 된
세입자는 떠나고

차마 전하지 못한
고향으로 내려갔다는 소식

달

이별한 사이일지라도
구경꾼의 시선으로 보기 쉽지만
서로 공유할 수 있다면

기억 저편 인연을 불러 주기에
무심한 광물채로만 머물지 않는다

달은 멀고도 가깝다

누군가에게 설렘이고 안타까움이기에
다정하고 야속하다

촛불보다 휘황찬란하게
임을 향한 그리움에 잠 못 이룰 때
정원을 산책케 한다

유년 시절

황금빛 들판 파란 하늘
끝없이 펼쳐진 새하얀 새털구름
살랑살랑 눈인사하는 미루나무

싸리 울타리에 앉아 쉬는
빨간 고추잠자리 채근에

툭툭 튀는 메뚜기 떼
끝없이 이어지는 들녘

풀섶에 젖는 잠뱅이 흐르고
달음질치며 휙휙 휘둘렀던 잠자리채

저녁 먹으라고 부르는
어머님 목소리에

붉게 물든 서녘 하늘로
해가 지는 하루

● 해설

시인의 정서(情緒)와 향수(鄕愁)

— 이상구 제3시집 『가을 편지』 서평

윤제철 (시인, 문학평론가)

1. 들어가는 글

　시 창작에 몰두한다 해도 일주일에 한 편을 쓴다는 것은 쉬운 일이 아니다. 거실에 들여놓은 화분과 나누는 대화가 자녀분들과 나누는 것보다도 훨씬 많았다고 들려주었다. 혼자 산다는 어려움을 이겨내면서 삶의 난제를 풀어내고 있다.
　사물과의 대화는 상대를 의인화하여 자신의 입장에서 일상을 바라다보고 후회와 반성을 통하여 자아를 성찰하는 유일한 수단이다. 더구나 시 창작반 회원들과의 소통은 내면에 고여 있기 쉬운 의식의 흐름을 원활하게 한다.
　이상구 시인은 사회에서 헌신한 다양한 활동 경험과 폭넓은 시야를 통하여 쌓은 깊은 사고력의 바탕이 있다.

이상구 시인의 예민한 감각은 풍부한 상상력으로 비유와 높은 의식 세계를 동원하여 시상을 떠올린다. 시 창작에 있어 부지런함은 없어서는 안 되는 동력이다. 첫 시집을 발간한 지 엊그제 같은데 어느새 세 번째 시집을 내신다니 반갑기만 하다.

뿐만 아니라 회원들의 창작 의욕을 끌어올리는 데 솔선수범하셨고 회원 간의 친목을 돈독하게 다지는 데 앞장서 왔다. 뿐만 아니라 시를 통해 다양한 주제를 다뤄 오면서 주변의 어려운 이웃에 대한 관심과 배려를 따스하게 보여주고 있다.

시집 발간을 축하하며 시인의 시세계를 피력하고자 한다.

2. 시인의 정서(情緖)와 향수(鄕愁)

① 시인의 정서(情緖) : 시인의 마음에 일어나는 여러 가지 감정을, 텔레비전을 주체로 놓고 아내보다 더 외로울 것 같다면서 마음을 읽지 못하는 남편에 대한 준엄한 꾸중을 담고 있는 「밤늦게 켜 놓은 텔레비전」, 남아있는 여생을 손잡아 주기 위해 당신이 보내준 사자(使者)의 모습으로 보고 있는 「한 송이 들꽃」, 아무런 말도 전하지 못했고 외면이라도 한 것처럼 자신을 나무라며 가까이 다가와 지켜보고 있을 당신에게 위로를 보내며 쓰는 「가을 편지」, 나무가 아닌 사람으로 한 생애를 산다는 것이 황혼에 서서 뒤로 돌아올 수도 없는 입장이고 보면 간구하는 염원까지 비워 버린 「겨울

「숲」을 통하여 묘사하고 있다.

    늦은 밤

    남편은 일찍 자고
    자식들은 언제나 멀리 있어
    말벗해 달랄 수 없는 노릇

    나이 들어 홀로 있는 아내
    텔레비전을 켜 둔 채
    자며 깨며
    노는 법을 익혀야 한다

    듣지도 보지도 않으면서
    밤늦게 켜
    혼자 떠드는 텔레비전
    아내보다 더
    사람 소리 그리워
    외로울 것 같다

―「밤늦게 켜 놓은 텔레비전」 전문

  저녁이 되면 남편이 말동무라도 해주면 좋으련만 무슨 복인지 초저녁부터 잠에 취해 버리면 멀리 있는 자식은 남보다 멀기만 하다. 잠에 들기 전까지 무엇이라도 하며 시간을 보내야 한다. 애꿎은 것이 텔레비전이지만 남의 이야기는 듣지 않고 제멋대로 일방적이다.

귀에 들어오다 말다 잠이 들었다가 깼다가 긴 시간을 견딜 수 없다. 텔레비전 하나에 매달리기나 할 뿐 노는 방법을 알려고도 않았고 그렇게 혼자 떠드는 텔레비전이 안타깝다. 아무리 잠이 오기로서니 아내를 의식한다면 이따금이라도 함께 해주길 바라지만 무소식이다.
　부부란 무엇인가를 되물어 봐도 답은 한 가지다. 서로 의지하고 함께 어우러져 홀로이지 않게 지내자고 맺은 인연인데 남편은 혼자 잠으로 외면한다. 텔레비전을 주체로 놓고 아내보다 더 외로울 것 같다면서 마음을 읽지 못하는 남편에 대한 준엄한 꾸중을 하고 있다.

　　먼 산 위로 해가 지기 시작하면
　　서늘한 한 줄기 바람과 함께
　　세월의 들녘 한 모퉁이
　　풍화되지 않고 하얗게 남은
　　슬픔의 흔적들

　　함몰된 세월의 아픔으로
　　찾아들었다

　　내 안의 그대처럼
　　풀벌레들은 가슴이 되어 울 것이고
　　한 계절의 양지 끝에 서 있어
　　계절을 아쉽게 하겠지
　　당신 모습 앞에
　　꽃이 다 지면

계절이 추워지고 세상의
마지막 서러운 한 송이 들꽃이 되어
지금 서 있는 그대로
당신 뒤에 서 있지 않기를

―「한 송이 들꽃」 전문

 해가 지기 시작하면 들녘 한 모퉁이 슬픔의 흔적, 내 안의 그대처럼 풀벌레들은 울 것이다. 당신 모습 앞에 꽃이 다 지면 서러운 한 송이 들꽃으로 지금 그대로 서 있지 않기를 바라고 있다. 잊고 싶지만 잊히지 않고 떠오르는 당신 생각이 야속하기만 하다.
 어차피 먼저 나중을 가리지 않고 떠날 수밖에 없는 상황이라면 서로 간에 그리움에서 벗어나야 한다. 만나고 싶다고 만나지는 것도 아니고 다시 만날 때까지 꿋꿋하게 살아야 한다. 그리움에 지쳐 허덕이느니 함께 다하지 못한 일들을 마저 해내고 만나서 이야기해야 한다.
 한 송이 들꽃이 나약하지만은 않다. 마치 당신과 화자가 대화를 나누는 유일한 통로로 비친 대상으로 보이다가 남아있는 여생을 손잡아주기 위해 당신이 보내준 사자(使者)의 모습이다. 들꽃을 바라보는 화자는 바람에 흔들리는 자신을 받치는 바지랑대로 보고 있다.

들판을 건너온
한 줄기 차가운 비바람이
개울가 갈대 흔들며

유리창에 부서지는
서걱서걱 스산한 소리

하루하루가 **빠르다는**
느낄 틈 없이
가을도 떠날 준비를 하고 있소

내일이 벌써
당신이 떠난 기일로
현실과 꿈이 뒤섞인 날들이었지요

세월이 흘렀어도
방 안 곳곳
아직도 남은 흔직 사라질까 봐
편지를 써 놓고도
부치지 못하고 있어

침묵으로 가슴앓이 된
끊어진 말들을 이으며
사는 일 하나하나 힘들어
버리고 비워가는 일뿐이오

이곳 밤잠 설치는
텅 빈 방 안에
하루하루 무게가 실린
앨범 한 장 한 장 넘기며
즐거웠던 추억이 처량한

귀뚜라미 울음 속에
죽순처럼 솟아올라
그리워할 수밖에 없소

어찌 이토록 참을 수 없는
고통의 흔적만 남겨두고
홀로 떠났나요

눈을 감으니
따스한 가을 햇살 받은
당신의 얼굴이
연민의 눈길로 바라보고 있구려

너무 걱정 마오
힘들겠지만
참고 견딜 것이며

써 놓고 부치지 못한 편지
날이 밝는 대로
우체통에 넣을 것이오

―「가을 편지」 전문

 기일을 내일로 앞두고 가을이 떠날 준비 하더라도 아직 남은 흔적 사라질까 봐 편지를 부치지 못하고 있다. 앨범 한 장 한 장 넘기며 그리워할 수밖에 없는 이곳에 어찌 홀로 남기고 떠날 수가 없다. 참고 견뎌오다 부치지 못한 편지 날 밝으면 우체통에 넣으려 한다.

 나름대로 꿋꿋하게 살아왔다고 자부하지만 허술해지는 건강을 염려하면서 자존감을 잃어버리고 의타심만 늘어가는 하루하루가 불투명하다. 함께한 흔적이나마 지워져 사라진다면 겉모습은 둘째치고라도 내면의 나를 지탱할 의지조차 없어지고 말 일이다.

 화자는 가을을 보내면서 대화의 상대로 당신을 택하고 있다. 아직은 아무런 말도 전하지 못했고 외면이라도 한 것처럼 자신을 나무라며 가까이 다가와 지켜보고 있을 상대에게 위로를 보내며 자신의 모든 것을 훌훌 털어내 참을 수 없는 고통을 내려놓으려 한다.

  세상 끝낸 인간의 노구를 닮은 듯
  뼈만 앙상하게 높이 솟은 숲

  하늘을 향해 구원을 간구하듯
  마른 잎 하나마저
  비워버린 겨울이기에

  비워짐과 차 있음이
  한 몸이 되어
  사계절 풍요로움에 감사했어도

  여백 없는 삶의 치열함에서
  벗어날 수 있으련만

     ―「겨울 숲」 전문

낙엽이 지는 것은 겨울을 대비하기 위함이다. 가을같이 건조한 시기에는 물을 보존하는 것이 광합성보다 더 중요하고, 나뭇잎이 떨어져야 눈이나 얼음이 나뭇가지가 부러지는 걸 막을 뿐만 아니라 나무나 잎을 유지하는 데 사용되는 에너지를 절약한다.
  사람이 늙어가면서 이 얘기 저 얘기를 다 듣자니 골치가 아파 필요한 것만 걸러서 듣고, 기억할 것이 점점 많아져 꽉 차지 않게 꼭 기억해야 할 젊었을 때 것만 골라 기억하고 살라는 것처럼 둔화되는 것이 아니라 선별하는 노구의 처신인 양 앙상한 겨울 숲은 기도를 한다.
  여백이 없는 삶의 치열함을 지나 비워짐과 차 있음의 완전한 한 생애를 누리는 것만 같아도 나무가 아닌 사람으로 한 생애를 산다는 것이 황혼에 서서 뒤로 돌아올 수도 없는 입장이고 보면 간구하는 염원까지 비워버린 겨울 숲의 상황을 겸허하게 받아들여야 한다.

  ② 시인의 향수(鄕愁) : 시인이 사물이나 추억에 대한 그리움을, 역사의 현장에서 일군 공적 하나를 아무도 거들떠보지 않는 녹 슬은 노병의 아쉬움을 들려준 「귀하신 몸」, 아무리 바빠도 마음속에 간직하다 이따금 꺼내보는 색 바랜 사진 같은 「귀성길」, 조명하는 존재의 가치는 있다가 없을 때를 대비하지 않는다는 서글픔을 일깨우고 있는 「가로등」, 사랑의 눈을 뜨고 문을 연다는 것은 헤아릴 수 없을 만큼 커다란 힘을 느끼게 하는 「바벨탑」을 통하여 이미지를 만들고 있다.

주머니 속만 돌아다니다가
우연한 기회에
손에 잡혀
나오게 된 밝은 세상

오랜 세월이 흘러
기억도 가물가물
귀한 대접을 받았던 너

변치 않는 가치가 없듯이
덩달아 곤두박질쳐져
아무도 거들떠보지 않아

작고 가벼워진 몸체로
때깔마저 변한
10원짜리 동전

―「귀하신 몸」 전문

 지금은 쭈그러지고 볼품없지만 돌이켜보면 누구든 왕년에 깃발 한번 못 날린 사람이 있을까. 늘 그렇게 지낼 줄 알았지 오늘처럼 추락할 줄 몰랐다. 누구든 한 인간을 보는 눈은 사람 됨됨이를 바라보는 것이 아니라 권력이나 경제적 가치를 저울질하는 것이다.
 화자는 10원짜리 동전을 응시하면서 가치 있게 사용되던 추억을 떠올린다. 그래도 없어서는 안 될 만큼 꼭 필요했던 존재를 알기 때문이다. 이제는 어떠한가, 길바

닥에 떨어져 있어도 눈에 들어오지 않을 정도로 무가치하다. 모아도 쓸데가 없어 구석에 쑤셔 넣고 만다.

　주머니 속에 있다가 밝은 세상으로 나온 동전은 귀한 대접받던 시절이 그립다. 투명 인간처럼 퇴화한 노년의 모습이다. 역사의 현장에서 일군 공적 하나를 아무도 거들떠보지 않는 녹슨 노병이다. 작은 사물 하나에서 비롯한 은유로 떠올린 아쉬움이 외침으로 들린다.

　　신발이 다 닳도록
　　눈 감고도 다녔던 곳인데
　　달빛 막아버린 검은 장막에
　　한 치 앞 가늠할 수 없어

　　별빛 의지해서라도
　　넘어야 할 섣달 그믐밤

　　스치는 차가운 바람에
　　등진 짐 힘 드는 줄 몰라

　　등골 땀만 흐르는
　　귀성 고갯길

　　가족 하나 없는 가족이기에
　　신발 거꾸로 신고
　　사립문 제쳐 달려 나오셨던 어머니

지난 세월
　　　눈앞에 보인다

　　　　　―「귀성길」에서

　귀성길은 부모님을 뵙기 위하여 객지에서 고향으로 돌아가거나 돌아오는 길이다. 한두 번 다닌 길도 아니련만 어두운 밤길은 한 치 앞을 가늠할 수 없지만 넘어야 할 섣달 그믐밤 길, 가족이라고는 오로지 하나 있는 모자 사이, 달려 나오셨던 어머니는 지난 세월의 모두였다.
　명절이면 고향의 부모님들을 뵙기 위해 일찍 서둘러 나왔건만 교통체증으로 길이 막히지만 급한 마음을 먹기보다는 그러려니 태연해지려 애쓴다. 그저 늦은 것이 죄송할 뿐 마음은 이미 고향집에 다가와 있으니 멀리 떨어져 있다가 핑계 김에 만날 수 있는 기회이기도 하다.
　어렸을 적에 자라면서 만든 추억들이 차곡차곡 쌓여 있는 고향은 무엇과 바꿀 수 없는 소중한 삶의 자산이다. 아무리 바빠도 마음속에 간직하다 이따금 꺼내보는 색 바랜 사진이다. 가는 길이 어렵고 힘들어도 마다 않고 찾아가야만 하는 것이다.

　　　세상에는
　　　밤과 낮에 따라

생각이 달라지는
필요한 것과 없어도 되는 것

밤에는 가로등이
절대적으로 필요하고

낮에는 없어도 되는 상반된
공존의 이치가 성립

낮에는 필요치 않다고
없앨 수 없는 가로등

―「가로등」 전문

　세상에 존재하는 모든 사물은 필요에 의한 가치가 있다. 어두운 밤에는 절대적으로 필요하지만 낮에는 필요가 없어도 버릴 수가 없다. 밤과 낮을 통하여 자연의 섭리에 의해 규칙적으로 어두워지거나 밝아지는 현상이 반복되어 불편함을 해소해야 한다.
　사람도 자신이 할 수 있는 일에 대한 능력을 지녔을 때 일을 할 수 있어도, 나이가 들어 정년퇴직이라는 강력한 힘에 부딪혀 매일 나가던 일터에 나가지 못한다. 그러나 육체적으로나 정신적으로 제구실 못 하면서도 없앨 수 없는 상황을 생각하게 한다.
　세상을 위해 큰일을 묵묵히 하면서도 당연하게 생각되는 경우가 어디 가로등뿐이랴. 그런가 하면 작은 동작 하나까지 매스컴을 장식하는 유명인들도 있다. 그러나

화자가 조명하는 존재의 가치는 있다가 없을 때를 대비하지 않는다는 서글픔을 일깨우고 있다.

　　나는 모르고 지냈지요
　　이 세상은 모래알로만 이뤄진

　　삭막한 곳으로만 굳게 믿어
　　사랑이 무엇인지도 모르고

　　다람쥐 쳇바퀴 속만
　　달려온 세월인데

　　이런 날이 올 줄 꿈엔들
　　생각 못 하게 된

　　잡아주신 따뜻한 손길에
　　무너진 거대한 바벨탑

　　　　　　—「바벨탑」 전문

　노아의 홍수 이후 인류는 하나의 언어와 문화를 공유하며 하나의 민족을 이루었지만 이들은 하늘에 닿을 탑을 만들어 하느님과 같은 신처럼 존재하려는 교만한 태도를 드러내 하느님은 그들에게 서로 다른 언어를 사용하며 흩어져 살게 하였고 바벨탑 건설은 중단되었다.
　화자는 모래알로만 이뤄진 삭막한 현실 속에 사랑이 무엇인지조차 모른 채 쳇바퀴만 돌다가 어느 날 잡아주신 따뜻한 손길에 무시와 질투로 눈감았던 세상을 보는 눈이 틔었고, 그 손길에 거대한 바벨탑이 무너졌다고 묘사하고 있다.

  다 알고 사는 것 같지만 아는 만큼 모르는 것이 보인다는 말처럼 알면 알수록 모르는 것이 많아진다. 사랑의 눈을 뜨고 문을 연다는 것은 헤아릴 수 없을 만큼 커다란 힘을 느끼게 한다. 진정한 힘을 지닌 자는 결코 교만하지 않고, 불우한 이웃을 외면하지도 않는다.

3. 나오는 글

  시인은 말을 하는 대신 시로 말하는 사람이다. 말을 간결하면서도 운율을 지닌 함축적인 표현으로 이미지를 만드는 것이다. 이는 결코 서술이 아니며 은유를 통하여 어떤 사물과 사건 속에서 느끼는 자신만의 독특한 감정이나 느낌을 표현하는 것이다. 그리고 색다른 발견과 사유가 생겼을 때 그것을 시로 써야 한다.

  이상구 시인의 시를 읽다 보면 세상에 존재하는 사물이나 사건은 모두 대화의 상대가 되고 있다. 대화는 상대를 의인화한 가운데 자신의 자세를 낮추어 넓은 시야를 확보하여 여러 각도에서 사물을 관조하고 있다. 평소의 눈높이만을 이야기하지 않고 한 발짝만 비켜서서 바라다보며 사물의 새로운 모습을 보는 시인의 시선이며 새로운 눈을 뜨고 있다.

  또한 시는 반드시 진실만을 이야기하지 않고 자신이 행하지 않은 것이라도 작품 속에서는 얼마든지 상상을 통하여 새로운 이미지를 만든다. 이미지는 정신적인 면에서 앞선 높은 의식의 세계를 제시하는 시인의 역할을 위하여 일상 활동을 하면서도 주변의 움직임에 대한 관찰은 멈추지 않고 있다.

   시집 발간을 거듭해 가면서 눈에 뜨이게 달라진 주제의 설정이나 넓은 시야로 바라다본 작품의 스케일과 구상 능력은 깊은 사고력을 바탕으로 더욱 탄탄해지고 있다.

   더욱더 절제된 시어의 결합을 통하여 무게감 있고 울림이 큰 시로 국민 정서 함양에 이바지하는 시인으로 많은 독자들로부터 사랑받는 시집 『가을 편지』가 되시기를 바란다.

문학세계대표작가선 1027

가을 편지

이상구 제3시집

인쇄 1판 1쇄 2024년 10월 10일
발행 1판 1쇄 2024년 10월 17일

지 은 이 : 이상구
펴 낸 이 : 김천우
펴 낸 곳 : **문학세계** 출판부 / 도서출판 **천우**
등   록 : 1992. 2. 15. 제1-1307호
주   소 : 서울시 광진구 구의강변로 85 강우빌딩 7F
전   화 : 02)2298-7661
팩   스 : 02)2298-7665
http://cafe.naver.com/chunwu777
E-mail : cw7661@naver.com

ⓒ 이상구, 2024.

값 15,000원

*도서출판 천우와 저자의 서면 동의 없는 무단 전재 및 복제를 금합니다.
*저자와의 협의에 따라 인지는 생략합니다.

ISBN 978-89-7954-938-6